20 jours de combat

20 JOURS DE COMBAT

20 JOURS DE COMBAT

Récit de Edith Cuenin

Ecrit par Damien Eleonori

© 2021 Edith Cuenin – Damien Eleonori

Éditeur : BoD-Books on Demand
12-14 rond-point des Champs-Élysées, 75008 Paris
Impression : Books on Demand, Norderstedt, Allemagne

Illustration : canva

Couverture : Béthanie Fala

ISBN : 9782322198016
Dépôt légal : Janvier 2021

MIXTE
Papier issu de sources responsables
Paper from responsible sources
FSC® C105338

1.

Jour 1.

Le soleil est au rendez-vous en ce jour férié. Un temps idéal pour une balade avec mon fils. 5 ans déjà. Un sac pour le gouter, sa super voiture électrique. Je m'amuse de le voir peiner à monter cette légère pente, mais son enthousiasme et sa volonté ne faiblit pas. Malgré cet obstacle. A quelques mètres du sommet, le jouet s'arrête net.

Derrière leurs arbustes d'ornement, des voisins viennent observer cet enfant, mon fils, affairé à chercher la cause de cette panne subite.

-Maman, elle n'avance plus.

-C'est peut-être la batterie, mon cœur.

De leur jardin, Françoise intervient dans notre conversation.

-Viens boire un café, Edith, Stéphane va regarder pendant ce temps. Il s'y connait, ça doit être au moins le trentième jouet qu'il répare, ça l'occupera.

Je soupire, mais accepte.

-Pourquoi pas, oui.

Le temps passe, rythmé par l'éclat du soleil et des rires de mon fils, heureux de sa liberté.

-C'est bien la batterie, Edith. Tu vas devoir…

-La ramener au magasin, je m'en doutais. Merci quand même.

Un appel me sort de cette discussion, je m'éloigne quelques instants. Dans mes oreilles, la voix de ma fille me parvient.

-Maman, tu es où ?

-Chez Françoise et Stéphane, pourquoi ?

-Ah…

Elle a toujours eu besoin de compagnie, je crois.

-Tu veux venir, Lola ?

-Avec plaisir ! rit-elle.

-Allez, ne te fais pas prier ! On t'attend.

En raccrochant, une drôle de sensation m'étreint. Comme s'il manquait quelque chose dans ce décor parfait. Les rires, les cris, ont été remplacé par un silence lourd.

-Où est Estève ?

Une voix forte et rauque me répond.

-Dans le bureau. Je l'ai amené devant un placard plein de jeux, il est aux anges.

Dans mon dos, je perçois une tonalité fluette, presque trop féminine.

-Je peux y aller aussi, maman ?

-A peine arrivée, déjà repartie, Lola, ironise Françoise.

-Vas-y, si tu veux. Mais ne trainez pas.

Les minutes s'égrènent, lourdes, empreintes d'un silence que je ne m'explique pas. Avec le recul, c'est dans ce moment que tout s'est joué. Au cœur de moments comme il en existe tant, de minutes de détente, de complicité, que le diable agit.

-Maman…on peut y aller ?

Un tremblement dans sa voix. Imperceptible. Il n'a pas fallu plus pour que je comprenne que quelque chose n'allait pas. Viscéralement, au creux de mes tripes, je l'ai senti.

-Oui…oui, d'accord, Lola. On y va.

Le reste de la journée est un brouillard sans nom, dictée par une routine dont je ne me rappelle presque plus. Retour à la maison, rangement, réveil de Marco, avant qu'il parte trimer toute la nuit, douche. La luminosité descend déjà lorsque je laisse mon corps se poser sur l'une des chaises longues de notre terrasse.

Estève s'approche.

-Maman... ?

-Oui, mon cœur. Qu'est ce qui se passe ?

-Tu sais, j'en ai marre des histoires de zizi.

Premier coup. La douleur monte, sans que je la comprenne encore.

-Comment ça ? Pour...pourquoi tu dis ça ?

-Stéphane, tu sais, j'ai le droit de jouer aux jeux vidéo que s'il me touche le zizi et que je touche le sien. Je n'aime pas ça.

Une haine sourde m'envahit.

-Comb...non, quand...combien de fois c'est arrivé ?

-Trois ou quatre fois, je ne sais plus.

Je tremble de tous mes membres. Les images me percutent, implacables.

-Est-ce que...il t'a demandé autre chose ? Il t'a fait autre chose ?

-Non, c'est tout. Mais je n'aime pas ça, maman.

-Ne t'inquiète pas, mon cœur, maman est là.

Premier mensonge. Maman n'est plus là, plus depuis ces mots, trop forts pour que je parvienne à me contenir. De ma main droite, je m'empare de mon téléphone.

-Françoise ? Tu es encore chez toi ? J'arrive.

2.

Jamais je n'ai ressenti autant de haine, autant de colère.

Mon doigt se pose sur la sonnette et, dès que la silhouette de Françoise apparait, je laisse les mots sortir. Ceux de mon fils, les miens, se mêlent dans une vérité accablante. Interdite, ma voisine reste muette et me laisse rentrer. Pour ne pas alerter le voisinage ou par véritable compassion, je n'en sais rien.

Dans l'entrée, sa silhouette, celle de l'homme devenu monstre, apparait.

-Qu'est-ce que t'as fait à mon fils, Stéphane ?

Ma voix tremble. Pas de peur, mais de colère.

-Comment ça ? De quoi tu parles ? Calme-toi, Édith, voyons.

-Tu l'as touché, putain ! Et tu lui as demandé qu'il te touche ! Un gamin de cinq ans, comment t'as pu ?

-Quoi ? Mais non, Estève a sans doute inventé ça, tu sais les gamins à cet âge, ils….

-Tais-toi ! Tu vas payer, je te le jure…

Je ne tiens plus en place, j'étouffe dans cette maison hostile, j'ai besoin de prendre l'air.

-Tu vas payer…

Ma vision devient floue, je ne vois ni le bras tendu vers moi de Françoise, ni la voix emplie de venin de son mari. Je repars, j'erre dans une rue qui n'est plus la même. Devant la maison où je vis, devant notre maison, notre cocon, celle de cette famille heureuse, je laisse mes gestes opérer en automatique.

Ma main se saisit du téléphone et hésite quelques instants. Quel numéro appeler ? Je ne sais même plus, jamais je n'aurai pensé devoir un jour le composer. J'essaie, la tonalité retentit, mes jambes commencent à me lâcher.

-Gendarmerie de Courcelles-Chaussy, j'écoute.

Les pleurs viennent, en même temps que ma voix se porte au-delà du combiné.

-C'est…mon fils. Mon voisin l'a touché et…lui a demandé qu'il le touche. Je ne sais pas…vous devez venir et…

-Votre adresse, Madame ?

La question me semble tellement inattendue qu'elle me surprend. Je m'attendais à de la surprise, de la compassion peut-être, surement de la colère de leur part aussi. Après tout, il s'agit d'un gamin de cinq ans.

-Je…je ne sais plus, merde…

-Calmez-vous, respirez un grand coup. Ça va revenir.

Mon adresse. Là où je vis. Tout s'est écroulé.

A cause d'un seul homme.

3.

Quinze minutes. Quinze longues minutes avant que la sonnerie ne me tire de mes réflexions. Derrière la porte, deux gendarmes me saluent, sous le regard curieux de quelques voisins. Je les vois à peine.

De nouveau, je dois faire sortir de ma bouche les mots qui me font mal.

-…il l'a invité à jouer dans son bureau, avant de le toucher. De lui toucher le sexe, et il lui a demandé de toucher le sien aussi.

-D'accord, se contente de répondre le plus gradé des deux.

Tout me choque à ce moment-là. Son détachement, ses mots, d'une banalité incroyable, son air blasé et suspicieux. Je m'attendais à avoir leur soutien, leur compréhension, à ressentir également une colère, après les mots que je venais de prononcer, il n'en était rien. Ils étaient restés stoïques, tels des machines chargées d'appliquer la loi.

-Vous allez l'arrêter ? demandai-je d'une voix faible.

-Non, on ne peut pas faire ça.

-Comment ça vous ne pouvez pas ? Cet homme est un danger, un pédophile !

-Il y a des lois, Madame. On va transmettre votre déclaration au procureur et au juge d'instruction, ce sont eux qui prendront la décision.

-C'est pas possible…

-Comprenez, Madame, si on arrêtait tout le monde à chaque dénonciation, il y en aurait des innocents en prison.

-Pardon ? Vous êtes en train de me dire que j'ai tout inventé ? Que je mens ?

-Calmez-vous, pour le moment, on a aucun élément autre que la déclaration d'un enfant de 5 ans. Mais nous prenons cela au sérieux, nous allons transmettre tous les éléments et on reviendra vers vous.

-Et en attendant ? Cet homme reste libre de ses mouvements, d'aller et venir ?

Les deux hommes se regardent, visiblement las de mes questions.

-Écoutez, venez demain à la gendarmerie de Vigy, nos collègues prendront votre plainte. On ne pourra rien faire de plus pour aujourd'hui.

Je m'endors avec ma colère, intacte et sourde. Seule, en attendant le retour de Marco, je rumine dans mon lit, incapable de trouver le sommeil. Les images tournent en boucle, alimentées par mon imagination. Jusqu'aux premiers rayons du soleil, au bruit des clés dans la serrure. Je bondis hors des couvertures et me blottis dans ses bras, en pleurs, avant d'expulser ces mots hors de moi.

-Reste là.

Sa voix est ferme, calme, mais je ressens derrière cela la même haine que moi, cela me rassure presque. Je le vois sortir, se diriger vers la maison, vers cette maison, là où se trouve le bureau où notre fils…

J'entends les cris, les hurlements, les accusations, au loin. Rien ne m'atteint plus. Je referme la porte et attends. Quoi, je ne sais pas.

Une suite, un dénouement, quelque chose qui m'apaisera enfin.

4.

Jour 2.

Dans une pièce sombre des locaux de la police judiciaire, je patiente, Marco à mes côtés. J'ai l'impression de ne pas avoir dormi depuis des jours. Ma vision se trouble, mes émotions sont intensifiées, à fleur de peau. C'est à peine si j'entends une femme, habillée avec l'uniforme réglementaire, entrer et nous parler.

-Madame, vous m'entendez ?

Je sursaute.

-Oui, oui pardon.

-Donc…depuis combien de temps les connaissez-vous ? Vos voisins ?

-Françoise, je la connais depuis plus de dix ans, treize je dirai.

-Et l'accusé ?

-Pas plus que ça. Juste un bonjour de temps en temps, on a jamais discuté.

-Pourquoi ?

-Je….je sais pas. Elle s'est mariée tard et…j'ai jamais échangé avec lui, je sais pas…on n'a aucune affinité.

Elle me regarde, longuement, avant de prendre quelques notes sur le calepin devant elle.

-Racontez-moi comment ça s'est passé. Dans le détail.

Je déroule, de nouveau, le fil de ma journée. La batterie du jouet de mon fils en panne. Le café sur la terrasse. Les sourires. Le malaise d'Estève, de Lola. Avant la vérité.

-Vous avez conscience de ce que implique cette plainte ? De la gravité de ce que vous vous apprêtez à faire ?

Mon sang ne fait qu'un tour.

-Vous avez conscience de la gravité de SES actes ? De ce qu'il a fait sur mon fils de cinq ans ?

-Je comprends. Votre plainte va donc concerner des faits d'attouchements sexuels sur mineur de moins de 15 ans. Êtes-vous d'accord avec cela ?

Ma voix claque dans la pièce.

-Oui. Est-ce qu'il va aller en garde à vue ? Être arrêté ?

-Mes collègues vous l'on déjà signalé, Madame. C'est au procureur et à la juge d'instruction de décider.

-Mais…et les autres enfants ? On habite dans un quartier où plein d'enfants jouent tous les jours. Vous vous rendez compte du danger ?

-Je vous le répète, ce n'est plus entre mes mains. Vous n'avez pas le choix, et moi non plus.

Pas le choix.

Si j'ai le choix, et je vais me battre pour l'avoir.

5.

Les rendez-vous se succèdent, tous plus épuisants les uns que les autres. Cette fois, nous sommes trois, Estève nous accompagne. Les locaux de la police judiciaire ont laissé place à ceux de la brigade des mineurs. Rien que l'appellation me donne froid dans le dos.

-Estève, tu viens avec moi mon grand ?

La femme qui se présente à nous arbore un large sourire bienveillant. Je me lève et guide mon fils vers cette nouvelle épreuve.

-Seul. Vous pouvez l'attendre ici, Madame.

Les yeux d'Estève s'emplissent de larmes. De son regard, il m'implore.

-Maman, s'il te plait…je veux pas y aller tout seul…

Alors que je m'apprête à céder, une main prend celle de mon fils.

-Allez, ne t'inquiète pas. Estève, c'est ça ? Tout va bien se passer, ta maman sera juste là. Mais c'est très important que l'on soit que tous les deux, d'accord ? Tu veux bien ?

Rassuré, mon fils opine de la tête et laisse la porte se refermer derrière lui. Nous restons assis, tous les deux, dans le silence, sans parvenir ni à bouger ni à se parler, tellement cette attente est insupportable. Les minutes laissent place au quart d'heure, puis à l'heure. Enfin, la porte s'ouvre sur Estève qui se précipite dans mes bras.

-Il a été très courageux. Vous pouvez être fier de lui.

-Comment ça s'est passé ?

Elle m'entraine, moi et mon mari, à l'écart, laissant Estève patienter.

-Nous avons un nounours, que nous utilisons pour que les enfants miment ce qui leur est arrivé. Ce qu'il vous a raconté s'est vraiment produit, c'est une certitude. Par contre, vous devez savoir que notre entretien a été filmé et que l'enregistrement sera transmis au juge d'instruction.

-Je...d'accord. Vous...vous pensez que c'est arrivé plus d'une fois ?

-Oui. Trois ou quatre fois, d'après ce qu'il m'a dit.

De nouveau, une colère teintée de culpabilité m'envahit.

-Madame, ne vous en voulez pas. Vous ne pouviez pas savoir, vous ne pouviez pas voir.

-J'aurai dû. J'aurais pu l'empêcher de recommencer.

-Vous avez fait ce qu'il fallait, quand vous l'avez su. Ne vous laissez pas ronger par tout ça, votre fils a besoin de vous. Surtout pour la suite.

-Quelle suite ?

-Ce sera difficile, pour tous les trois, je ne vous le cache pas. Mais vous allez devoir rendre visite au médecin légiste de l'hôpital Legouest. Il va procéder à des examens complémentaires.

-Comment ça ? Je ne comprends pas…

-On doit s'assurer que votre fils n'a pas été violé.

6.

De nouveau, encore et encore, les mêmes scènes. L'accueil, l'attente, interminable, un médecin et son discours froid, Estève laissé seul, abandonné aux mains de docteurs, de policiers, pour être examiné, interrogé, consulté. Aucun de nous n'a demandé cela et, pourtant, nous nous devons de tenir. Pour Estève, pour mon fils.

-Madame ? Vous allez bien ?

Mes yeux clignent, je reviens à la réalité. Face à son regard compatissant, je m'effondre, sans que je puisse contrôler quoique ce soit. Ma douleur est telle, ma chair brisée, qu'un torrent de larmes se déverse en flots continus.

À ses côtés, une psychologue s'installe.

-Madame, vous avez besoin d'aide, vous…

-Non ! Mon fils a besoin d'aide, pas moi ! C'est lui qui a été…

-Calmez-vous, nous comprenons.

-C'est lui, d'abord, avant tout. Moi, nous, ça sera pour plus tard. Je dois être là pour lui, être forte.

Depuis une porte adjacente, mon fils sort et court dans mes bras. Sa tendresse, son amour, me fait encore plus mal. Comment un être aussi innocent a-t-il eu à subir cela ?

-Vous pouvez être rassurée, lâche alors le médecin après plusieurs secondes de silence, votre fils n'a aucun symptôme physique. Il ne s'est rien passé de plus que ce qu'il vous a raconté.

-Il n'a pas été…

-Non.

Au milieu de cette tempête, un soulagement, immense. Je n'ai pas besoin d'en savoir plus, je veux juste sortir de cet endroit, de cette journée qui nous a tous épuisés. Je réponds aux quelques questions qu'ils continuent de me poser sans même y faire attention. Pour enfin pouvoir sortir. Dehors, malgré la pollution, l'air frais me vivifie. Nous sommes libres, ensemble. Je regarde mon mari, et lui prends la main, avant tout pour lui montrer que je ne l'ai pas oublié.

Une idée me vient.

Un rapide tour à la maison et, alors que le soleil se couche lentement, les lumières de la fête foraine nous éclairent. Les manèges, les odeurs de barbapapa et de sucre, et, au milieu de tout cela, le sourire de mon fils. Il a suffi de quelques ampoules, d'attractions, de promesses de jeu, de ceux de son enfance, pour qu'Estève retrouve le sourire.

Et oublie.

Nous allons nous battre, nous, adultes, pour une justice. Mais nous allons aussi nous battre pour que lui, enfant, innocent, oublie.

7.

Jour 3.

Le soleil inonde les murs de notre chambre alors que j'ouvre nos volets. La chaleur se répand et, malgré la fatigue, ses rayons nous réchauffent. Café, cigarette, les seules choses que je suis encore capable de consommer. Mon estomac est si noué, mes entrailles comme compressées par un poids énorme. Soudain, trois coups secs à la porte me font sursauter.

Jamais je n'aurais cru que recevoir de la visite me mettrait dans un tel état. La peur me tiraille, m'approchant presque de la nausée. J'ouvre la porte et tombe nez à nez avec un visage bouffi, empli de larmes.

Françoise.

-Qu'est-ce-que tu viens foutre ici ?

Le ton de ma voix est glacial, dicté par ma colère, par une haine qui ne demande qu'à sortir.

-Édith, c'est Stéphane…il a…il a essayé de se suicider.

-Il est mort ?

Je réponds du tac au tac, sans compassion, sans réfléchir.

-Je…non.

-Dommage.

Je ne tiens plus, incapable de supporter plus longtemps ce visage. Qu'il ait voulu se foutre en l'air ne change rien à ce que mon fils a dû endurer. Sa souffrance n'efface rien, bien au contraire.

-Une question Françoise : tu as demandé à ta fille et à ton fils si, à eux aussi, il avait fait quelque chose ?

-Non.

-Pourquoi ?

Elle baisse la tête, accablée. Je comprends alors dans son regard le fond de sa pensée.

-Tu le crois innocent, merde. Tu ne crois pas mon fils. Mais pourquoi tu crois qu'il a voulu se suicider, hein ? Stéphane est coupable et, tant que tu ne le comprendras pas, ne t'avise plus de remettre les pieds ici.

Je ferme la porte, la claquant de toutes mes forces. Comment peut-elle douter des propos d'Estève ? Comment peut-elle soutenir encore ce mari pervers et pédophile ?

Je tremble de tous mes membres, je laisse mes jambes se reprendre, avant de retourner à la cuisine.

Non, il ne s'en sortira pas comme ça, je ne le permettrai pas.

8.

Jour 6.

Deux jours que nous sommes restés enfermés. L'isolement pèse sur chacun de nous, mais je ne peux pas, je ne veux pas, le croiser au détour d'une rue. Cette peur me tétanise, et je sens une inexorable paranoïa nous encercler. Peur des autres, peur pour mon fils, peur des rumeurs, peur de moi-même, de cette colère sourde prête à éclater à tout moment. Les murs de notre maison me semblent des barrières infranchissables contre ces agressions.

Le troisième jour, je ne tiens plus. Je me saisis du téléphone et contacte la gendarmerie. Au ton de ma voix, on peut percevoir ma fragilité, ma tension également.

-Non, Madame, je suis désolé, mais il n'est toujours pas en garde à vue.

-Pourquoi ? Je ne comprends pas.

-Parce que le suspect a été hospitalisé pour une tentative de suicide. Il est actuellement à l'hôpital de Mercy, les différentes procédures sont suspendues en attendant son rétablissement.

-Son rétablissement ? Et le rétablissement de mon fils, vous en faites quoi ?

-C'est la procédure, Madame.

Je tente de garder mon calme, de ne pas lâcher toute ma haine dans le combiné.

-Bon…quand est-il prévu qu'il sorte ?

-Je ne sais pas, Madame. Ce n'est pas de mon ressort et…

Je raccroche, jetant mon téléphone sur la table. Le bruit sourd me fait moi-même sursauter.

Je ne le laisserai pas faire, je ne le laisserai pas détruire nos vies.

Dehors, le soleil brille et éclaire de ses rayons notre intérieur étouffant. Je ne peux plus rester ainsi.

-Estève, descend, on va prendre l'air !

Ma voix résonne comme un verdict, une envie de ne pas se laisser dicter notre conduite. Il devrait être enfermé, pas nous.

Cet après-midi, les longues heures passées dehors, nous font du bien. Un véritable bol d'air, une profonde inspiration qui nous unit, nous donne du souffle. Alors que ce moment touche à sa fin, nous le prolongeons en trainant nos pas, d'une démarche lente, dans les rues silencieuses.

-On peut passer par le passage secret ?

Le passage secret. Un drôle de nom pour une simple rue étroite. Je sais où ce chemin va nous mener et, pourtant, je cède à mon fils. Il aime cet endroit, cela lui rappelle les histoires de trésor et d'aventure qu'il aime lire.

Au bout de ce passage, sa maison apparait. Le moment que je redoutais, comme un retour à une réalité qui me fait du mal. Les gens sont dehors, profitent, insouciants. Des enfants jouent dans le quartier, sans se douter un seul instant du prédateur qui rôde aux abords.

Je tourne la tête, machinalement, et je l'aperçois. Affairé à réparer sa porte de garage, comme le ferait n'importe quel voisin. Une occupation d'une banalité effrayante.

-Maman…

Le regard d'Estève est porté dans la même direction. Il le regarde, non pas comme moi je le regarde, mais avec des yeux d'enfants face à son pire cauchemar. Incapable de se maitriser, mon fils s'enfuit. Ses cris de peur résonnent dans le quartier, alors que je reste figée, clouée au sol par ma tristesse et ma haine.

Je me tourne vers Stéphane, vers ce monstre, et j'explose. Je ne sais même pas ce que je hurle, mes mots ne sont que haine, colère, dégout. Suffisamment pour qu'il rentre chez lui en claquant la porte.

Je reste seule, en pleurs, sous les regards effarés des autres voisins, sans doute persuadée que je suis folle.

Les apparences peuvent être si facilement trompeuses.

9.

-Estève, tu es là mon chéri ?

J'ai laissé mes émotions redescendre, avant de franchir le seuil de notre maison. Les pièces semblent vides, mais je perçois des pleurs étouffés provenant du salon. Je m'approche de la table et le découvre, recroquevillé sur lui-même, caché en dessous de la longue table en bois. Une cachette d'enfant.

-Allez, viens, je suis là.

Notre étreinte est si forte qu'elle m'arrache de puissantes larmes. Je sens sa détresse, sa peur, son impuissance.

-Maman va se battre, d'accord ? Je vais me battre et cet…et il partira, loin, pour ne jamais revenir.

-C'est vrai ?

-Bien sûr que c'est vrai, tu n'as plus à avoir peur. Je te le promets.

Cette promesse scelle le véritable début de mon combat.

Dans ma tête, les scénarios prennent forme, les actions à mener également. Je comprends que ma seule option, pour le moment, est de harceler la gendarmerie. Je ne peux faire que les appeler, pour maintenir une pression sur leurs épaules.

Une pression.

Je dois trouver d'autres moyens, d'autres façons de montrer que je ne me laisserai pas faire, que je ne suis pas seule.

Que notre combat est juste, que mon fils a dit la vérité et que la justice doit être faite.

10.

Jour 12.

Six jours. Presque une semaine passée à espérer, à me battre.

Mes appels à la gendarmerie font désormais partie de mon rituel quotidien, et cela me fait peur. Je sens ma colère s'étioler, l'impact de mes mots se réduire, mes interlocuteurs passer au travers de mon message, sans doute usés par mes appels. Mais je ne lâche rien, je persiste, j'use de stratagèmes pour passer le standard téléphonique.

L'après-midi, mon téléphone me sert à d'autres choses : les médias. Je raconte mon histoire, encore et encore, comme pour les convaincre qu'elle peut intéresser des autres, qu'elle vaut la peine d'être entendue. Les premiers articles paraissent, bien faibles au regard de la douleur, au regard de l'injustice.

Tous les soirs, une autre routine prend le dessus. Des amies m'ont rejoint, des soutiens, fidèles, compréhensifs. Ensemble, pendant presque deux heures, nous restons immobiles devant chez lui. Pour qu'il n'oublie pas, qu'il ne s'imagine pas que nous oublions. Qu'il sente cette souffrance quotidienne, cette pression ininterrompue.

Rien ne m'importe plus, jour après jour, que mener ce combat. Pour ne pas penser, ne pas sentir cette douleur au creux de mes entrailles, cette colère m'envahir. Je sais que je joue avec le feu, que je suis capable de le détruire, de lui faire mal.

18 heures. Aujourd'hui, un autre rendez-vous. Je sais que je vais devoir raconter de nouveau cette histoire, ces détails, qui me font mal à chaque fois qu'ils sortent de ma bouche. Dans ce début de soirée, le maire de notre village me reçoit. À son visage, je sens la peine, la tristesse, de la pitié aussi. Mais, surtout, un autre sentiment que je ne parviens pas à identifier.

-Asseyez-vous, Édith.

Je prends place, fébrile. Le peu de nourriture que je parviens à ingurgiter commence à peser sur mes forces, sur mon état de santé.

-J'ai bien reçu votre pétition, vous avez réuni un nombre impressionnant de signatures. Qu'attendez-vous de moi exactement ?

-Votre soutien. Un homme coupable d'attouchement vit dans votre village impunément, vous ne pouvez pas rester les bras croisés, à attendre que cela se passe. Pendant ce temps, il peut être en contact avec d'autres enfants, il peut recommencer.

L'homme baisse la tête, et soupire.

-Ce n'est pas de mon ressort, je ne peux pas décider, virer un homme de ma commune.

-Bien sûr que vous le pouvez, il vous suffit de…

-Non, je n'en ai pas le pouvoir, coupe-t-il sèchement. Écoutez, je comprends votre combat, et je le soutiens totalement. Mais je ne pourrai rien faire de plus, je suis vraiment désolé.

-Pas autant que moi.

-Suivez mon conseil : laissez faire l'enquête. Les forces de police sont les seules à même de rétablir la vérité et de punir le coupable.

-Rétablir la vérité ? Vous plaisantez ?

Face à ma colère, le maire se lève et me tend la main.

-Ne vous trompez pas ni de combat ni de coupable. Bonne soirée, Édith, et bon courage.

De nouveau, je me sens incomprise, seule dans ce combat qui dérange. Je me sens épuisée et me laisse trainer sur le chemin du retour.

Brusquement, je lève la tête, arrivée devant notre maison. Sur le pas de la porte, une personne m'attend, les yeux rougis.

Françoise.

11.

Ma colère s'évanouit, sans que je sache pourquoi, en quelques instants. Alors que, il y a quelques jours à peine, la simple vue de son visage me donnait la nausée, me voilà l'invitant à entrer, à s'asseoir dans la cuisine, un café à la main.

-Je dois te dire une chose, Édith.

Je ne réponds pas, et m'installe face à elle, mes yeux dans les siens.

-La sœur de Stéphane m'a appelée, elle…je ne savais pas, je ne pouvais pas savoir, je suis tellement désolée…

-Qu'est-ce que tu ne pouvais pas savoir ?

Je serre les dents, je sens des frissons parcourir mon échine. J'ai peur de ce que Françoise peut m'annoncer.

-Il y a deux autres victimes.

-Quoi ? Comment ça ?

Françoise respire profondément, sans doute consciente de la révélation qu'elle s'apprête à me faire.

-C'était il y a plus de 23 ans, Stéphane a été accusé d'attouchements, de…de pire, sur une petite fille de 4 ans et un garçon de 9 ans. Je…je n'ai pas le courage, mais tiens, toi tu pourras…

D'une main tremblante, elle me tend un papier.

-C'est quoi ?

-Leurs noms, à tous les deux. Si tu peux les retrouver, peut-être que…

Devant cette femme meurtrie, blessée, honteuse, j'ai un élan de compassion dont je ne me sentais plus capable.

-Françoise…rentre chez toi, repose-toi. Et, merci. Vraiment.

-Je suis désolée, si tu savais.

-Je sais.

Je la laisse repartir, sans pouvoir la rassurer plus. Nos vies à toutes les deux sont détruites, de manière totalement différente, mais je comprends sa douleur. Sans pourtant pouvoir lui apporter plus qu'un merci, c'est au-delà de mes forces.

Une seule idée occupe mon esprit : retrouver ces deux victimes, qui ont dû se construire leur vie d'adulte, sur la base de ce drame, de ce choc. Les réseaux sociaux sont ma meilleure chance. Fébrile, je tape leurs noms, l'un après l'autre.

Cinq résultats pour l'un, trois résultats pour l'autre.

Sur chaque profil, j'envoie un message, le plus vague possible, mentionnant mon nom, où je vis et que je souhaite leur parler d'une affaire en cours concernant mon fils, lié à ce qu'ils auraient vécu plus jeunes.

J'envoie. J'attends.

Les heures passent, je suis incapable de décrocher de mon téléphone. Le repas, le coucher, le quotidien se déroulent sans que je sois présente. Ailleurs, dans mes pensées, rivée à cette notification qui ne veut pas arriver.

Alors que les enfants sont couchés, le son du vibreur me fait sursauter. La petite fille de 4 ans, devenue adulte, me répond. Immédiatement, je lui donne mon numéro de téléphone.

Cinq minutes plus tard, un appel m'électrise.

-Bonjour, Édith. J'avoue, je ne pensais pas devoir reparler un jour de ce que j'ai vécu.

-Je m'excuse, mais…mon fils, il a cinq ans, et il a subi des attouchements de la part de cet homme et je me bats pour lui.

La réponse fuse alors.

-Que des attouchements ?

-Oui. Les médecins sont catégoriques là-dessus et lui aussi, il m'a tout dit.

-Bon…que voulez-vous savoir ?

-Ce qu'il vous est arrivé, à vous et à cet autre garçon. J'ai essayé de le contacter, mais je n'ai pas encore de réponse.

-Vous n'en aurez pas, il a tiré un trait sur cette histoire, besoin de se reconstruire. Ca a été très compliqué pour lui et bref…

Je la laisse inspirer, prendre le temps de se livrer.

-J'avais 4 ans à l'époque. Cet homme, c'était un ami de mes parents et…je me suis retrouvé dans son bureau, ma mère discutait avec sa compagne de l'époque.

Les mots trouvent une résonnance étrange, comme une répétition d'un triste scénario.

-Il a commencé à me toucher, à mettre sa main dans ma culotte. J'étais terrifiée, j'avais peur de lui, peur de ce qu'il raconterait à mes parents. Il a…sorti son sexe et m'a demandé de le mettre dans ma bouche…je…j'ai fait ce qu'il demandait. Plusieurs fois, parfois devant des films pornographiques, jusqu'à ce que j'ai le courage de tout dire à mon père.

Aucun mot ne parvient à sortir de ma bouche.

-Ils ont porté plainte, mais, à l'époque, la police était très réticente à croire une enfant de 4 ans, surtout face à un homme connu, apprécié, engagé dans la commune. Il a été acquitté au procès et nous avons

déménagé. Avec cette douleur, cette colère. Ma mère ne s'en est jamais remise et...voilà, vous savez tout.

-Merci. Vous n'avez pas idée de ce que cet appel signifie.

-Au contraire, je ne le comprends que trop bien. Je ne peux que vous souhaiter courage, un immense courage.

Je raccroche, aussi hébétée que choquée.

15.

Jour 14.

Depuis quelques jours, les regards autour de moi se font différents, surtout ceux des habitants du village. Mes actions dérangent, je le sens. Elles confrontent chacun aux actes inavouables de leurs voisins, à des choses qu'ils ne veulent pas savoir ni entendre. Cela brise leur bonheur factice, aseptisé. Peut-être ont-ils l'impression que j'en fais trop ? Peut-être certains estiment-ils que la preuve de sa culpabilité n'est pas prouvée ? Peut-être ne veulent-ils pas être associés à ces démarches ?

Peu m'importe. Mon fils, ce qu'il a vécu, ce qu'il a du supporter, sa peur, sa solitude, est tout ce qui compte. Pour tout ça, je dois me battre.

Dans deux jours, une marche blanche sera organisée. Des femmes, des parents, des enfants, touchés par ce qu'Estève a vécu, venu témoigner de leur soutien. Leur présence est un acte fort, qui me touche. Déjà cinquante personnes comptent répondre à cet appel, ce qui est énorme pour moi.

Le bruit de la sonnette me tire de mes pensées. J'ouvre la porte. De nouveau, deux officiers de police.

De nouveau, deux visages inconnus. Je n'écoute même plus leurs présentations d'usage.

-…le juge d'instruction a réétudié votre dossier, il n'avait pas vu que vos maisons étaient si proches.

-Vous êtes sérieux ? Qu'est ce qu'il n'avait pas compris dans le terme *voisin* ? Est-ce qu'il avait lu notre dossier au moins ?

-Bref…toujours est-il que l'accusé doit partir de son domicile dès aujourd'hui, nous venions vous en informer.

-Très bien.

Je m'apprête à refermer la porte lorsque le plus grand des deux reprend la parole.

-Maintenant qu'une décision a été prise, Madame, vous n'avez plus besoin de faire cette marche blanche. Il serait préférable, pour apaiser les esprits, pour vous également, de l'annuler.

Je me contiens, malgré la colère sourde qui monte en moi.

-Non, je ne l'annulerai pas. De nombreuses personnes souhaitent me montrer leur soutien, il est hors de question que je leur dise que c'est annulé.

-Si vous la maintenez, nous pourrions très bien vous mettre en garde à vue.

-Qui cela dérange, dites-moi ?

-Calmez-vous, ce ne sont que des recommandations.

-Non, des menaces. Je ne sais pas qui vous donne ces ordres, qui est intervenu pour me dissuader, mais je n'ai pas peur. Pas de vous.

Je claque la porte, avant de m'emporter encore plus.

Oui, mes actions dérangent.

Plus que ce que je n'aurais pensé.

16.

Jour 15.

Un premier soulagement.

Une sensation presque oubliée. Je vois la voiture de gendarmerie garée devant chez lui, je peux apercevoir son visage depuis ma fenêtre. Je ne peux pas rester ici, je veux le voir. Je veux qu'il me voie, qu'il comprenne.

Sans attendre, je sors et me poste en face de chez lui, bras croisés. J'attends. Je le vois sortir, des sacs poubelles en main. Ses affaires. Un sentiment profond m'envahit, un mélange de satisfaction et de vengeance à demi-accomplie. Je ne peux pas me retenir et applaudis.

Je veux que l'on m'entende, je veux qu'il m'entende, qu'il sente ce que je ressens.

Une première victoire, enfin.

Je sais que rien n'est terminé. Qu'une garde à vue n'est pas une peine de prison. Qu'il part, certes, mais seulement à quelques kilomètres d'ici, chez sa sœur selon les rumeurs.

Mais, pour moi, cela change tout. Car, ce soir, après des jours, je vais pouvoir dormir tranquille. Sans peur, sereine.

Je plonge mon regard dans le sien, pour le défier une dernière fois. Dans ses pupilles que mon fils a dû voir, qui lui ont surement fait tellement peur.

Mais, moi, je ne bouge pas, je ne baisse pas les yeux, je n'ai pas peur. Jusqu'à ce que sa silhouette disparaisse à l'intérieur de la voiture de gendarmerie et qu'il s'éloigne, je reste là, immobile.

Une boule nait au creux de mes entrailles, sans que je m'y attende. Je ne sais pas si c'est la vision de cette maison vide, ou si c'est son regard implorant qui me perturbe. Je dois me reposer, dormir, pour garder mon combat intact. Pour ne pas me laisser berner par cette petite et minuscule victoire.

Rien n'est terminé.

Bien au contraire, tout ne fait que commencer.

17.

Jour 20.

La sonnerie du téléphone me tire de ma rêverie. Les mains dans une pâte à gâteaux, je peine à répondre et y parviens finalement. Sans voir le numéro affiché, je ne prends plus cette précaution depuis quelques jours.

À l'autre bout du fil, une voix monotone, masculine.

-Gendarmerie de Verny, nous vous contactons dans le cadre de votre plainte déposée contre…

Je n'écoute plus, à trop avoir entendu les mêmes choses.

-Qu'est-ce que vous me voulez ? coupé-je, à court de patience.

-Hier, l'accusé s'est pendu dans le jardin de la maison de sa sœur. Il est décédé dans la nuit.

-Tant mieux.

Les mots sont sortis sans que je les contrôle et, au fond, même si je sens le choc de mon interlocuteur, je le pense. Cet homme a brisé la vie de mon fils, alors qu'elle débutait à peine, qu'il se construisait.

Certains disent qu'on ne doit pas souhaiter la mort de quelqu'un, quels que soient ses crimes. Ce n'est pas mon cas, j'ai souhaité sa mort. Fort, très fort, pour que moi je n'ai pas à le tuer.

-...vous comprendrez que, vu l'évènement, l'enquête judiciaire est arrêtée.

-Pardon ?

-L'accusé est mort, Madame. Il n'y aura pas de procès, pas de coupable.

-Et pas de vérité, c'est ça ?

De l'autre côté, un soupir.

-Je ne lâcherai pas, mes enfants seront reconnues comme de victimes, même si leur agresseur a choisi de fuir, de mourir par lâcheté.

-Madame, pour que les enfants aient un statut reconnu de victimes, vous devrez...

-Je sais ce que je dois faire, je ne vous ai pas attendu pour ça.

Je raccroche, une énième fois.

Des sentiments affluent en moi. Une colère sourde d'abord, devant cet acte. En se donnant la mort, il a refusé d'avouer, d'assumer et a emporté une partie de la vérité avec lui. Toujours, un doute planera sur les dires de mon fils, qui ne seront jamais levés. Les regards suspicieux perdureront, encore et toujours. Au-delà de ce sentiment, je ressens un profond soulagement, pour moi, pour Estève, pour notre famille.

C'est terminé. Plus jamais il ne nous fera du mal.

Nous sommes enfin libres.

Libres de poursuivre un autre combat, pour qu'enfin cette histoire prenne fin.

18.

Après.

2 mois.

Deux longs mois avant d'enfin recevoir la lettre du juge d'instruction. Tout est dans cette simple lettre : les faits, les auditions, les mots retranscrits, ceux de mon fils. Au fur et à mesure que je lis ces phrases, je passe de la colère à la tristesse, de l'énervement aux larmes.

Jusqu'au compte rendu, encore plein de surprises. Stéphane était un habitué des sites pédopornographiques, depuis plusieurs années maintenant, sans que la police ne détecte ses agissements. Aucun signalement, aucun traçage, il est passé au travers des mailles du filet.

Honteux.

2 ans.

Dans le bureau de mon avocat, j'attends son verdict.

-J'ai une bonne nouvelle, vous allez pouvoir enfin respirer : Estève a officiellement le statut de victime.

Je souffle un bon coup, soulagée.

-Et pour Lola ?

-Pour votre fille, c'est différent. Le juge d'instruction a estimé que ce n'est pas choquant pour une fille de voir le sexe d'un homme en érection, qu'il n'y a ni agression ni attouchement, et que rien ne justifie le statut de victime pour Lola.

-C'est une plaisanterie.

-Non. Écoutez, Édith, vous avez gagné votre combat, oubliez cela. Votre fille n'a subi aucun traumatisme, cela ne vaut pas le coup de…

-Je fais appel de la décision, je vous laisse en informer Madame la juge.

-Attendez, ne…

-C'est ma décision.

2 ans et 6 mois.

Même bureau. Mêmes personnes.

Mais cette fois, le verdict est différent.

Mes enfants ont officiellement le statut de victimes. Mon combat est terminé.

Enfin.

Pourtant, je sens en moi quelque chose qui me pousse à continuer. À poursuivre ce combat, pour d'autres.

Tout au long de ces calvaires, j'ai été inondée de messages sur les réseaux sociaux, par mail, par téléphone. Des témoignages, des récits glaçants.

Un garçon de 9 ans, en vacances chez ses grands-parents, là où son *papou* le touchait régulièrement.

Une nounou, montrant avec son mari des vidéos pornographiques à des petites filles. Une plainte est en cours, mais n'avance pas.

Un homme, condamné en 1992 pour attouchements et viols sur sa fille, condamné à 7 ans de prison, libéré au bout de 4 ans. Aujourd'hui, après 26 ans, son casier judiciaire est effacé. Un loup, dont la femme faisait rentrer des enfants régulièrement dans sa cage.

Certains diront qu'une commission verse de larges sommes aux victimes, aux enfants. L'argent, pour racheter une vie brisée, pour faire oublier des gestes, des images. Mais rien ne peut effacer ces traumatismes, gravés au fer rouge dans la psyché de ces enfants, des parents, de toutes ces victimes d'actes innommables.

Mon combat ne fait que commencer. Malgré les incitations à passer à autre chose, cette souffrance d'autres mères, d'autres enfants, me pousse à continuer.

À me battre pour les aider.

Une association est née de cette volonté. Née dans la douleur, car le mot « pédophilie » fait peur, rebute, incite à s'en éloigner. Pourtant, je suis là, et je ne suis plus seule. Cette association est mon combat, celui de toutes les mamans du monde.

Contre ces actes, contre la peur, pour nos enfants.

Nous sommes là.

Pour contacter l'association Parole de maman 57 :

paroledemaman57@gmail.com